AF232377

DISCOURS SUR LA GUERRE,

OU

TE DEUM D'ENZERSDORF ET DE WAGRAM.

AVIS.

———◆———

Le *IIIe Discours sur la Guerre, considérée sous des rapports de Justice et de Moralité, et relativement à l'état actuel de la Maison de Lorraine - Autriche*, paraîtra incessamment, si les circonstances le permettent.

Erratum.

page 20e, lignes 5e et 6e;

au lieu de : en vain le Prince Charles se propose-t-il.

lisez : en vain le Prince Charles s'est-il prescrit

SECOND
DISCOURS SUR LA GUERRE,

OU

TE DEUM D'ENZERSDORF ET DE WAGRAM,

PRONONCÉ, LE 30 DE JUILLET,

DANS LE TEMPLE DE L'ÉGLISE RÉFORMÉE, CONSISTORIALE, DE NANTES,

PAR M. PIERRE DEJOUX,

Président du Consistoire de la Loire-Inférieure, et de la Vendée ;
Membre de plusieurs Sociétés savantes, et de l'Académie Celtique,
séante à Paris.

Hæ tibi erunt artes, pacisque imponere morem,
Parcere subjectis, et debellare superbos.

A NANTES, DE L'IMPRIMERIE DE BRUN.

1809.

DISCOURS TRIOMPHAL

SUR LES VICTOIRES

D'ENZERSDORF ET DE WAGRAM.

LE CANTIQUE DE MOÏSE.
Exode, ch. xv. ℣. 9, 10, 11, 12, 13.

TEXTE:

Ils l'ont eux-mêmes voulu, dit Jules-César, en pleurant sa victoire et ses lauriers dans les champs de Pharsale ; « *César était con-damné, s'il eût imprudemment posé les armes.* --- *Que mon ambitieux ennemi consente à me voir*, s'était-il écrié bien avant que la guerre éclatât, *notre accord ne sera pas difficile : qu'il n'écoute plus la voix perfide de ses flatteurs, ... et la paix sera conclue* ».

Exorde.

Et, dès-lors, César ne cessa de demander la paix. Mais ses implacables adversaires, qui sacrifiaient tout à leur orgueil, à leur avarice, à leur vil intérêt personnel, n'y voulurent jamais ni accéder, ni entendre. --- Il n'y

1

avait plus alors de gens de bien qui don-
nassent des conseils ; et l'arrogance des grands
de Rome fut inexorable. --- *Ils l'ont eux-mêmes
voulu*, dit le vainqueur, en promenant ses
tristes regards sur la campagne inondée du
sang de ses ennemis, et faisant fermer les
plaies de ceux des partisans de Pompée, qui
respiraient encore, *ils l'ont eux-mêmes voulu !*

De même le plus habile, le plus éclairé,
le plus grand des Capitaines, l'héritier des
talens, de la gloire, du pouvoir et de la
bienveillance de César, a pu dire, en versant
des pleurs sur les rives du Danube, comme
il voyait la plaine jonchée de morts, et les
débris de la monarchie Autrichienne couvrir
l'arène sanglante : *Ils l'ont voulu ! C'est sur
eux-mêmes que leur sang retombe, c'est sur
la tête des infracteurs de la paix !*

C'en était fait du bonheur du monde ; il
n'y avait plus de salut pour les Français, si
le parjure cabinet d'Autriche, corrompu par
l'or et par les promesses d'Albion, eût impunément soulevé l'Allemagne, s'il eût soufflé
plus long-temps, avec succès, dans le sein
des peuples Germaniques et contre les Rois
nos alliés, l'esprit de révolte, d'anarchie,

et toutes les fureurs qu'exhala sans cesse,
contre la France, cet implacable ennemi.

C'est à retracer cet immortel triomphe Exposition.
les événemens à jamais mémorables des journées d'Essling, d'Enzersdorf et de Wagram,
qu'est destiné ce discours.

Je dirai la résistance opiniâtre, les com-
plots, et les efforts sanguinaires de l'Autriche ; le dévouement, et la valeur nompa-
reille des Français ; les travaux, et les caculs
inouis du génie, triomphant de la nature,
maîtrisant les élémens soulevés, et domptant
le fier Danube.

Je dirai le courage intrépide de Napoléon,
sa fermeté que rien n'a pu vaincre, et sa
grande ame qui enchaîna la fortune et la
victoire à son char.

Je dirai, surtout, sa vive reconnaissance
envers celui par lequel nous avons été vainqueurs ; et la muse sacrée, me prêtant sa
voix, redira ce saint cantique, entonné jadis
non loin du Nil, répété naguère des bords
du Danube à ceux du Rhin, de la Seine et
de la Loire : *Non point pour nous, non point
pour nous, Seigneur! mais à toi la gloire,
l'honneur et l'empire!*

Dieu de bonté! toi qui veux que la paix découle comme un fleuve, et la prospérité comme les flots de la mer; c'est toi qui as disposé nos bras à la bataille, afin que nous puissions pacifier l'univers, rendre le bonheur au monde; et c'est dans des vues de compassion, de justice, de bienfaisance et d'amour, que tu présides au fort des combats !

Esprit bienheureux, invisible et souverain, de qui Napoléon tient le diadême, tu as combattu pour nous; tu as conservé pour notre salut cette tête auguste que tu avais couronnée, et ton bras s'est signalé en notre faveur.

C'est donc à toi seul, et non point à nous, que nous devons rendre l'honneur de cette journée! prends-en tout l'honneur, Monarque céleste, il t'appartient tout entier; nos cœurs, ainsi que celui de Napoléon, t'en offrent l'hommage.

« L'ennemi disait : je poursuivrai, j'at-
» teindrai, je partagerai incessamment leurs
» dépouilles; mon ame sera assouvie de leur
» sang; je dégainerai mon épée, ma main
» les détruira.

» Tu as soufflé sur eux de ton haleine
» puissante, ô Éternel ! et l'onde de l'adver-
» sité les a couverts ; et ils ont été ensevelis
» dans des gouffres de ténèbres.

» Qui est comme toi entre les forts, ô
» Éternel ? Qui est comme toi digne d'être
» célébré, d'être adoré, faisant seul des
» choses merveilleuses ?

» Tu as étendu ta main sur ceux qui s'étaient
» élevés contre nous, et la terre les a en-
» gloutis.

» Ainsi tu conduiras, par tes miséricordes,
» ce Peuple qu'il t'a plu de racheter : ainsi
» tu nous introduiras dans la demeure sainte,
» dans le sanctuaire immortel que tes mains
» ont établi. »

AINSI SOIT-IL !

A PEINE la dernière paix avait-elle été
conclue entre Napoléon et le Monarque
Autrichien, que le Ministère infidelle de ce
Prince, manquant à ses traités, en médita
la rupture, accueillit les mécontens, reprit
par degrés une attitude inquiétante et formidable.

I.re PARTIE.

Ambition
de
l'Autriche
cause
de la guerre.

D'après les plus sûrs renseignemens, la Maison d'Autriche se préparait depuis quatre ans à la guerre; elle n'avait fait la paix de Presbourg que pour gagner du temps, recomposer son armée, fomenter des séditions, se concerter avec l'Angleterre; et, sans doute, du jour solemnel où le Cabinet de Vienne signait le traité, il se proposait aussi de le rompre!

Ce prince faible, inconstant, ambitieux, qui tenait des États vastes encore de la magnanimité de son vainqueur, qui était venu lui-même, humilié de sa défaite, jusque dans le camp de Napoléon, lui jurer une amitié éternelle, François II a bientôt violé l'engagement d'une éternelle amitié, brisé le noble contract de la reconnaissance, et méprisé la foi des sermens! Bientôt se jettant à main armée sur le territoire des Alliés de la France, sans dénoncer les hostilités, sans publier aucun manifeste, il a semé sur ses pas l'horreur, l'incendie, le pillage et la dévastation!

Et tout concourait à lui inspirer de coupables espérances, à le bercer de folles illusions, à le flatter qu'il balancerait nos destinées. D'un côté, il avait fait d'immenses préparatifs; et il avait porté ses forces réelles, au moment où il entra en campagne contre nous, à cinq ou six cent mille hommes : de l'autre, nous étions péniblement occupés dans le midi, et nos plus beaux régimens combattaient les révoltés en Espagne.

Napoléon était encore, le douzième jour d'Avril, sur les bords de la Seine, quand il apprit cette affreuse trahison, les déplorables résultats de cette trame ourdie sous les plus positives assurances de la paix : et huit jours après cet alarmant message, il avait franchi le Rhin, il apparut sur les rives du Danube; et, sept fois dès-lors, Eckmühl, Tann, Ratisbonne, et Salzbourg virent nos forcenés ennemis mordre la poussière, et sept fois le Soleil éclaira les trophées de Napoléon. --- Vienne, peu après, lui ouvrit ses portes : et les voûtes de nos temples saints retentirent deux fois du chant de la louange que nos cœurs reconnaissans portaient vers les Cieux.

Victoires de Tann, de Ratisbonne, d'Eckmühl.

Prise de Vienne.

C'était peu, cependant, à l'Empereur, que de la conquête de l'Autriche entière, pour terrasser un ennemi qui se ralliait toujours dans les défilés et les forêts de la Bohême, et qui faisait servir les fleuves débordés de boulevards contre nos soldats : il fallait encore, pour abattre d'un seul coup les têtes toujours renaissantes de cette Hydre meurtrière, il fallait que Napoléon, tel que Trajan, soumît à ses lois le Danube rebelle, en présence même d'un ennemi qui connaissait toutes les localités, et qui frémissait de rage ; --- Il fallait assujettir ce fleuve impétueux par des ponts solides, malgré les efforts de plus de deux cent mille Autrichiens qui occupaient la rive opposée ; et, sous le feu d'innombrables pièces de canon qui vomissaient la mort sur nos travailleurs, le génie, vainqueur de la nature, surpassant tous les chefs-d'œuvre de l'art, devait exécuter l'une des plus grandes opérations de guerre qu'il soit possible de concevoir.

Entouré d'une armée fidelle, concentré dans une inexpugnable position, assuré de la tendre sollicitude de ses peuples, de l'amour et de la valeur de ses soldats, Napoléon, d'ailleurs si prompt à combattre, lui que n'affronta jamais impunément l'ennemi, se montre ici supérieur à lui-même, il contient la juste impatience de ses guerriers brûlant d'en venir aux mains : il sait mépriser la jactance et les provocations de l'armée Au-

Ponts de bateaux jettés sur le Danube.

trichienne ; il consent à conduire ses travaux avec plus de lenteur, afin d'avoir plus de sûreté, afin de résister désormais à la crue soudaine des eaux du Danube, qui, déjà, dans le glorieux combat d'Essling, ayant mis à flot des forêts abattues, avait rompu les ponts de bateaux dont nous l'avions enchaîné ; et qui, retenant alors sur sa rive droite nos munitions, nos parcs de réserve, et des corps entiers de cavalerie, nous avait forcés de lutter, pendant deux jours entiers, privés de vivres et de munitions, sans grosse artillerie, sans aucun moyen de renouveller un feu qui se ralentissait faute d'alimens, contre une armée trois fois plus nombreuse que la nôtre.

Journée immortelle d'Essling, que de prodiges de la plus généreuse valeur, que d'actes d'un dévouement incomparable tu renfermas dans ton cours ! --- Quelle voix célébrera dignement les hauts faits de nos guerriers intrépides, qui, n'ayant que cinquante pièces de canon, repoussèrent une multitude si supérieure en nombre, et défendue par deux cents bouches à feu ? Qui dira comment le Danube en courroux, rompant toutes ses digues, et soulevant tous ses flots pour nous ensevelir, roula sur les traces des Français ses vagues menaçantes ; tenta, mais en vain , d'arrêter nos progrès victorieux, et de sauver, par son funeste débordement, cette maison orgueilleuse qui domina sur son onde ?

Pour moi, contraint, comme je le suis, par les limites étroites de ce discours, de m'abstenir de ces grands détails, je ne ferai ressortir qu'une seule circonstance, qu'un seul des événemens qui signalèrent cette action, la plus mémorable, peut-être, dont il ait jamais été fait mention dans les fastes de la guerre.

Dévouement de Montebello.

Ce fut à Essling, que Napoléon surtout parut grand ! Ce fut à Essling qu'il triompha par lui-même, par ce coup d'œil pénétrant qui voit à la fois le danger et la ressource , par cette infatigable activité exempte de trouble, et qui se porte à la fois sur tous les points.

Ce fut à Essling, que le Maréchal Lannes, le brave Montebello, couronnant tous ses exploits par le noble sacrifice de lui-même, se dévoua pour son Souverain, pour le salut de l'armée, et pour son pays !

Ce fut à Essling, que l'Empereur montra combien est touchante, combien est sublime la compassion dans l'ame d'un guerrier !

Ce fut à Essling, qu'oubliant quelques instans, les alarmes, les sollicitudes et les soins que lui inspirait une victoire incertaine, Napoléon se livra tout entier, avec des émotions inexprimables, à cette constante et tendre amitié qu'il portait, depuis tant d'années, à son valeureux compagnon d'armes.

« *Il fallait*, s'écria-t-il en se tournant vers ceux qui l'environnaient, *il fallait que, dans cette journée, mon cœur fût frappé par un coup aussi sensible, pour que je pusse m'abandonner à d'autres soins qu'à ceux de mon armée* ».... Et des pleurs coulèrent de ses yeux, comme il proférait ces mots.

Ah ! laisse-les couler ces larmes qui t'honorent, généreux Napoléon ! elles attestent à tout l'univers que ton cœur est sensible, que tu sais aimer ; que tu n'es pas seulement un héros, que tu es homme ; et que, pour belliqueux que tu sois, l'humanité n'a pas moins d'empire sur ton ame.

O Napoléon ! combien ces larmes que tu as données à l'amitié, en ont fait répandre ! et combien elles doivent en coûter à l'ennemi ! Au premier bruit de cet accident funeste, toutes les villes de France furent émues ; le peuple entier le pleura amèrement ; un morne

silence exprima, d'abord, la tristesse généra-
le ; les discours de ceux qui firent ensuite
éclater leur douleur, furent entrecoupés de
sanglots ; déjà, ils ont retenti dans les sanc-
tuaires de Bordeaux et dans ceux de Lectoure,
patrie de ce grand homme ; déjà, celle qui
donne l'immortalité, l'histoire fidelle et ré-
munératrice a recueilli tant de pleurs et de
regrets ; et la postérité ne lira point, d'un
œil sec, cette scène déchirante.

Nos arrière-neveux se plairont à se repré-
senter Montebello expirant, rendu soudain
à la vie par la présence de son Souverain,
de l'homme qu'il avait aimé d'avantage : ils
répéteront avec attendrissement les der-
nières expressions d'une amitié si rare et de
la conscience de sa vertu : « *Dans une heure,*
dit Montebello, en se jettant au cou de
l'Empereur, *dans une heure, vous aurez
perdu celui qui meurt avec la gloire, avec
la conviction d'avoir été, d'être jusqu'à la
fin de sa vie votre meilleur ami !* »

Muse sacrée du Monarque-Prophête, per-
mets que j'emprunte tes lamentables accens
par lesquels il déplora la perte de celui
auquel son ame était attachée, le trépas de

Jonathan, mort sur le champ des combats : et j'exprimerai ainsi cette voix de larmes, ces profonds regrets, ces souvenirs qui durent toute la vie, voués par Napoléon à Montebello, à l'ami le plus sincère, à l'un des plus vertueux, des plus intrépides guerriers dont se glorifie la nation la plus brave !

⚊⚊◆⚊◆⚊⚊

O noblesse d'Israël ! comment sont tombés les hommes forts ? Comment les vaillans ont-ils expiré au milieu de la bataille ? Comment Jonathan a-t-il été tué sur tes hauts lieux ?

H Y M N E
du
Prophête-
Roi.

Filles d'Israël ! pleurez sur celui qui vous avait défendues dans les hasards de la guerre :

Ah ! ne l'allez point redire dans Gath, vous qui l'entendez, de peur que nos ennemis ne s'en réjouissent ! Non, non ! n'en portez point en Askélon la déplorable nouvelle, de peur que les filles des étrangers n'en trésaillent de joie !

Montagnes de Guilboah, que la pluie fécondante ne tombe jamais sur vous ! Que la rosée des Cieux ne rafraichisse plus vos campagnes, parce que c'est là qu'a été jetté le bouclier des forts !

O Jonathan ! ô mon frère ! je suis dans l'angoisse à cause de toi ; je t'aimais comme

mon ame ! Tu faisais tout mon plaisir ! l'af-
fection que je te portais, était plus grande
que celle qu'on a pour aucun objet au monde !

O noblesse d'Israël ! comment sont tombés
tes hommes forts ! Comment sont péris les
instrumens de guerre !   .

Motifs
de
consolation.

RÉSIGNE - TOI, cependant, à cette perte
cruelle, sensible Napoléon ! --- Armée que
Montebello menait à la victoire, ne témoigne
ta douleur que par des actions dignes de
celui que tu regrettes, que par des traits
de valeur que l'ennemi lui-même ne puisse
s'empêcher d'admirer ! --- Epouse éplorée !
famille chérie de Montebello, à quoi ser-
virait-il de murmurer contre la destinée ?
Opposez aux coups sévères de l'affliction
une fermeté constante, l'immortalité du
héros que la foudre des combats vous a ravi,
et les principes d'une foi toute céleste, qui
nous conduit aux régions de la gloire ; écoutez
le langage touchant de la Religion qui s'ac-
corde avec celui d'une raison éclairée, et
qui nous dit que les jours de l'homme sont
comptés ; que notre sort est réglé par des
décrets immuables, de la manière qui tourne
le plus à notre bonheur, si non ici-bas, du
moins dans un meilleur monde !

Tous, de concert, animons-nous de résolution, de confiance, et d'espoir. Voyons,
après quelques jours d'une pénible attente,
voyons luire avec sérénité, avec enthou-
siasme, avec d'ineffables consolations, le jour
des représailles, les grandes journées d'Enzersdorf et Wagram, où le vengeur de Montebello rendra la pareille à ses ennemis ! ! !

M. C. A.

Vous qui connaissez les événemens du
passage du Danube, prêtez à mon pinceau
les traits vivans de la réalité, pour que je les
retrace avec exactitude, et que je dérobe à
l'immortelle nuit, dans laquelle ils se passè-
rent, le voile jaloux dont elle pourrait les
envelopper ; franchissez par la pensée le
temps et l'espace ; déjà, depuis le combat
d'Essling, livré le vingt-un et le vingt-
deuxième jour de Mai, il s'est écoulé cinq
à six semaines.

Voyez, dès-lors, le fleuve rebelle entière-
ment dompté par des travaux incroyables.
Des constructions d'un genre inoui, et dont
les ennemis disent eux-mêmes qu'aucune
des merveilles de l'antiquité, aucun œuvre
militaire n'excita jamais une telle admira-

2.me
PARTIE.

Les ponts
solides
et
permanents
d'Ebersdorf
soumettent
le Danube.

tion, nous aideront à venger les injures de la France.

En vain, se proposant d'imiter le sage Fabius qui rétablit Rome en temporisant devant les armées d'Annibal, en vain le Prince Charles se propose-t-il d'éviter toute bataille rangée : en vain veut-il nous lasser par de nouveaux retards, nous harceler par des attaques partielles et lointaines, nous affaiblir et nous décourager par le défaut de vivres.

Victoire de Raab.

Déjà la bataille de Raab, gagnée par nos troupes que commandait le Vice-Roi d'Italie, nous a rendus maîtres de cette forte Cité, située au centre de la Hongrie et au confluent de deux rivières. — Déjà le siége de Bude et celui de Presbourg, les flammes qui s'en élèvent, invitent l'Archiduc à envoyer du secours aux assiégés.

Napoléon profite de cette démarche imprudente ou malheureuse...... Il cède aux instances des Français qui le conjurent de les mener contre l'ennemi ; et s'empressant de mettre un terme à la guerre, le quatrième jour de Juillet, vers le coucher du soleil, la Grande Armée déboucha en trois colonnes sur des ponts inébranlables.

ici

Permettez - moi , M. C. A. , d'interrompre, quelques instans, la description de ce passage, si mémorable par le succès, l'audace et la sagesse qui accompagnèrent son exécution. L'intérêt qu'il excitera sans cesse, pour être ici suspendu, ne fera que s'accroître et ressortir avec plus d'éclat, par le récit d'un passage non moins célèbre, non moins important par ses résultats, celui de l'Hydaspe, effectué, trois cent vingt-sept ans avant l'Ère chrétienne, par Alexandre-le-Grand, avec des circonstances, des détails, des suites, de la plus surprenante identité.

Large de quatre stades, profonde à n'être guéable en aucun endroit, cette rivière, d'un cours très-rapide, ressemblait, par l'étendue de ses eaux, à une vaste mer. ---- Une chose plus terrible était l'aspect de la rive opposée, toute couverte de guerriers et de chevaux. --- Le plus belliqueux Monarque de l'Inde, Porus, à la tête d'une armée formidable, défendait l'Hydaspe débordé, et menaçant d'engloutir dans ses rapides gouffres tous ceux qui tenteraient de le traverser. ---- Tel que celui du Danube, son vaste lit était semé de nombreuses îles, l'une desquelles, semblable à celle de Lobau ou de Napoléon, offrait des fossés et des remparts naturels. ----

Similarité frappante du passage de l'Hydaspe par Alexandre-le-Grand , et de celui du Danube , effectué par Napoléon.

Alexandre s'empare, à l'insu de l'ennemi, d'une position si avantageuse. Soudain, comme il se dispose à franchir le fleuve impétueux, il s'élève la plus violente tempête; et l'eau du ciel qui tombe par torrens, les vents qui mugissent, les flots de l'Hydaspe qui s'enflent et grondent, tout en ralentissant les progrès des Macédoniens, ne laissent parvenir à l'armée Indienne, ni le bruit tumultueux de leur embarquement, ni le mouvement accéléré des vaisseaux qui heurtent les vagues.

Ainsi l'orage imprévu, qui semblait devoir retarder l'entreprise d'Alexandre, ne fit que le seconder : ainsi la fortune, ou plutôt la divine Providence fit tourner les inconvéniens mêmes qui le menaçaient, à lui donner la victoire, et à lui soumettre l'Empire Indien.

Bientôt, en effet, l'orage s'appaise et la pluie cesse; mais le ciel se couvre alors de nuages si épais qu'ils font disparaître la lumière, et que les soldats de l'un et de l'autre camp, loin de s'apercevoir à distance, ne peuvent plus se reconnaître entre eux.

Tout autre, alors, que le Héros de la Grèce eût été retenu par l'épouvantable obscurité, Alexandre-le-Grand la juge favorable ; il fait précipiter l'embarquement, il monte lui-même le premier navire, il atteint heureusement le rivage opposé, sans que l'ennemi suspende ou découvre même sa descente ; il livre aussitôt bataille à Porus, et remporte cette victoire célèbre qui lui ouvrit les portes de l'Orient.

De même, M. C. A., la veille du combat mémorable d'Enzersdorf, un violent orage, une épaisse obscurité, une pluie affreuse rendirent le passage du Danube aussi effrayant, aussi hasardeux qu'il devait nous être favorable ; et Napoléon, traversant ce fleuve au milieu des ouragans, nous rappelle le Conquérant de l'Asie, franchissant l'Hydaspe avec des circonstances pareilles.

Nous aimons à penser que ces deux Héros, ces deux fondateurs de puissantes monarchies, déployèrent les mêmes talens et le même caractère dans une semblable position ; et c'est un grand spectacle que de comparer, que de voir, en même-temps, et le Roi illustre de Macédoine et l'Empereur des Français, tous deux triomphans de l'art et de la nature, tous deux bravant, à la fois, et les abîmes d'un fleuve, et l'ennemi frémissant à l'autre bord, et les torrens de la nue, nous offrir, à des intervalles si reculés, la réunion de ces qualités royales, propres à fixer l'admiration des peuples, et disant à l'Univers qui contemple avec étonnement cette manifestation de leur esprit magnanime : ILS NAQUIRENT POUR RÉGNER !

Je reprends ici les détails du passage du Danube, qui, sous tant de rapports, attirent notre plus vif intérêt.

La nuit la plus ténébreuse, propice à nos généreux guerriers, leur avait prêté son manteau lugubre : un voile de deuil enveloppait la face du Ciel, et aucun astre ne brillait au firmament pour avertir l'armée Autrichienne de la marche nocturne de nos troupes ; tandis que, fortement retranchée derrière ses remparts palissadés, que défendaient cent cinquante pièces de grosse artillerie, cette armée, reposant dans la plus profonde sécurité, ne redoutait que l'intempérie de l'athmosphère, que la fureur des élémens mutinés, dans cette nuit qui leur serait si fatale.

Passage du Danube.

Représentez-vous, maintenant, deux cent mille hommes armés, suivis de leurs chars de guerre, s'avançant à la faveur des noires ténèbres dont ils sont couverts ; franchissant, les uns sur des radeaux fragiles, les autres sur des ponts, quatre cents toises du fleuve le plus rapide.

Le piétinement des chevaux, l'agitation alarmante des troupes en marche sont étouffés par le fracas des torrens qui roulent du ciel ; — et le battement des rames mêlé au bouillonnement des flots, le sifflement aigu des cordages et le grondement des aquilons, répétés par les échos des rivages, formaient un ensemble confus de sons affreux, avant-coureurs sinistres des plaintes, des cris alternatifs de douleur et de joie qui se feraient entendre au jour de la bataille ! Gage d'espérance et de sécurité pour les Français ! Présage de destruction pour l'armée ennemie !

On eût dit, tantôt une voix de pleurs, de lamentations funèbres, de gémissemens sourds et prolongés ; tantôt des accents de louange et de triomphe, un murmure approbateur, portés dans les airs : comme si des ombres vengeresses, comme si les mânes de Montebello, errant sur les rives désolées du Danube, hérissant la crinière ondoyante de nos impatiens coursiers, allumant le tonnerre dans la nue, soufflant dans le sein de nos soldats cette intrépide valeur et cet amour ardent de la gloire dont Lannes fut animé, eussent crié pour nous, au fort de la tempête, dans les plaines d'Essling encore inondées de son sang : VICTOIRE! VICTOIRE! --- comme si, semant la consternation, le désordre et l'épouvante dans le camp de l'ennemi, ces mânes plaintifs eussent brisé d'avance pour lui l'arc de la bataille : comme s'ils eussent rempli le sommeil des Autrichiens de trouble et d'horreur ; et fait tomber de leurs mains, affaiblies par l'effroi, l'épée impuissante !

Cependant l'ardeur infatigable de Napoléon presse les pas de ses guerriers et dirige leur marche à travers les ombres de la nuit. --- Une main invisible le conduit lui-même au travers des périls et des alarmes...... Celui qui, du haut du Ciel, veille sans relâche au salut des Français, l'Ange tutélaire de l'Empire protège l'Empereur dans cette nuit périlleuse, car Napoléon l'a invoqué.

Confiance en Dieu, source du vrai courage.

A la veille de cette lutte sanglante, où le fer et le feu, le courage et le génie, l'audace et le désespoir, s'entre-heurtant dans l'arène, décideront le sort des nations, élèveront et abaisseront des trônes, et prononceront le jugement de Dieu, c'est vers lui que le plus vaillant des Chefs tourne ses pensées; il sait que la victoire et la bénédiction émanent d'en haut. Cette force d'ame, cette calme et réfléchie intrépidité qui le distinguent entre tous les combattans, il les puise dans une religion pure et sincère, dans sa confiance inébranlable en la Divinité.

« Sainte Providence ! s'écrie-t-il, toi qui
» te tins à ma droite dans les champs de
» Marengo, dans les sables meurtriers du
» désert et de l'Égypte; toi qui fus mon
» bouclier dans les plaines d'Eylau et d'Ess-
» ling, je mets en toi toute mon espérance !
» Daigne jetter un regard favorable sur mes
» soldats; dispose en notre faveur des foudres
» de ta justice, afin que nous puissions con-
» quérir une durable paix ! C'est à toi que
» je confie la garde de mon armée, certain
» que tu combattras pour nous, tant que
» notre cause sera juste; tant que je mar-
» cherai, sans m'en détourner, à l'exécution
» de tes sublimes décrets de bienfaisance, de
» sagesse, et de régénération, à l'accomplisse-
» ment de ces hautes destinées auxquelles tu
» as réservé la France et son Souverain ! »

Bataille d'Enzers-dorf, le 5 de juillet.

Il dit, et il n'est plus pour les Français de Danube ; et le Ciel est devenu serein ; à la cinquième aube qui vient blanchir la voûte étoilée, succède l'aurore du plus beau jour, et le soleil se lève pour éclairer nos triomphes. --- Ici, c'est la blancheur des panaches qui ondoient, c'est le reflet de l'argent et de l'or, qui reproduisent aux yeux ces vifs rayons de lumière, vainqueurs de l'orage et de la nuit : --- là, c'est le bronze de l'artillerie, c'est le sombre airain de nos bataillons qui jette un éclat sinistre, et présage l'homicide explosion.

Déjà notre armée se déploie ; déjà elle verse par flots, dans la plaine, les rangs mobiles, mais impénétrables, de nos guerriers ; et le tonnerre s'allume : tel un volcan, franchissant avec violence les barrières qui le circonscrivent, s'élance dans les airs en tourbillons enflammés, retombe en pluie de lave, de soufre et de bitume, et inonde tous les lieux circonvoisins.

Cependant notre infanterie s'ébranle, et, le fer étincelant dans ses mains, brave un déluge de feu : telle une lionne, à laquelle on a enlevé ses lionceaux, fait retentir les forêts de ses gémissemens effroyables, et se précipite sur le ravisseur : de même un des corps de notre armée, que commande l'ardent et habile Macdonald, brûlant de venger Montebello et les braves qu'elle regrette, charge avec une irrésistible impétuosité l'ennemi qui se croyait inexpugnable à l'abri de ses redoutes. --- Il est bientôt tourné; et les lignes Autrichiennes, attaquées inopinément à l'extrémité de leur aile gauche, précisément comme le furent les troupes de Porus par Alexandre-le-Grand, sont forcées de quitter leurs positions formidables; --- Elles ne peuvent plus, ni protéger les retranchemens qu'elles ont élevés, ni en être protégées; Enzersdorf et Grossaspern, avec leurs fortes batteries, tombent d'eux-mêmes, comme par enchantement, à l'approche de nos généraux; et le travail de quarante jours est détruit dans quelques heures.

Ailleurs, et surtout le lendemain, le champ de bataille se dispute avec opiniâtreté, le sang rougit la plaine, le fer croise le fer, et les phalanges Autrichiennes résistent aux nôtres, jusqu'à ce qu'une fausse manœuvre de l'Archiduc, jettant le désordre dans ses rangs, hâte sa défaite entière. --- Le centre de son armée est enfoncé, il recule, il perd

Bataille de Wagram, le 6 de juillet.

une lieue de terrein ; --- Les ailes qui s'en voient abandonnées, rétrogradent ; le brave Oudinot emporte Wagram ; la victoire se décide : et de Grosshoffen à Neusiedel, de Rachsdorf à Stadelau, la campagne, n'offrant plus que des ruines fumantes, qu'un holocauste sanglant, expie le trépas funeste et glorieux de Montebello !

En effet, ne pouvant plus ni rallier ses troupes qui s'entre-tuaient dans cet horrible désordre, ni faire entendre la voix du commandement étouffée par les cris d'alarme et de désespoir, ni retarder davantage les résultats de la faute irréparable qu'il avait commise, l'Archiduc, déjà vaincu la veille à Enzersdorf, ne se bat plus, après avoir vu Wagram emporté, que pour sa retraite ;.... ou plutôt, dès dix heures du matin, il ne se retire pas, mais il fuit ; --- il fuit à vau de route : et telle fut la précipitation de ce mouvement auquel il doit son salut, que, contre la vraisemblance, bien avant la nuit, les Autrichiens étaient hors de vue : envain notre cavalerie, dès la première aube du jour suivant, les poursuivit-elle jusqu'à Znaïm, elle ne put les atteindre.

Ici., M. C. A., se terminerait naturelle-
ment la description succincte des batailles
d'Enzersdorf et de Wagram, si deux circonstances extraordinaires, ressortant aux deux
côtés du tableau de ces victoires célèbres,
ne lui imprimaient le caractère le plus frap-
pant, le plus propre à nous faire réfléchir
sur les vicissitudes humaines, sur les voies
impénétrables de Dieu qui juge les Rois et
les nations.

Tandis que, dans une plaine de trois
lieues, deux Empires s'entre-choquent; là,
à douze cents toises de ce théâtre sanglant,
les citoyens de Vienne, répandus sur le faîte
des palais, des temples et des maisons, cou-
vrant toute les hauteurs de cette populeuse
et riche capitale, deviennent les explorateurs
inquiets des succès alternatifs, des pertes et
des revers de cette double bataille qui déci-
dera de leur destinée.

Ainsi, mais dans une situation plus
cruelle, lorsque régnait sur les Autrichiens
le premier des Léopold, las de défendre leurs
temples et leurs maisons écroulés sous l'artillerie Musulmane, leurs épouses et leurs
enfans épuisés par la famine et par la con-
tagion ; ainsi, en 1683, les habitans de

Vienne, près de devenir la proie de leur barbare ennemi, furent soudain les heureux spectateurs d'une victoire aussi décisive : ils virent, alors, trois cent mille Turcs tomber sous le fer de soixante mille braves ; et les Polonais, alors, comme aujourd'hui, triompher sous les remparts de cette grande cité.

Mais, Grand Dieu ! combien le sort de Vienne est aujourd'hui plus prospère ! C'est son généreux vainqueur qui la protège contre les feux dévorans dont son propre souverain vient la menacer ! C'est pour lui, peut-être, c'est pour l'Empereur Français que leurs vœux, au milieu des combats, se réunissent ; et, aujourd'hui, peut-être, les Viennois disent, dans leurs temples, de Napoléon, comme autrefois de Sobiesky, en le bénissant de leur délivrance : « *Il fut un homme envoyé de Dieu.* »

2.me Circonstance ; François II contemple aussi les vicissitudes des deux armées de dessus les hauteurs de Wolkersdorf.

Cependant quel déplorable aspect vient occuper ma pensée, et fixer tous les regards ! plus loin, et au-delà du Danube, sur les sommités de Wolkersdorf, c'est le Souverain fugitif de l'Autriche, qui, laissant à son frère valeureux, à l'illustre Charles, la gloire de se mesurer avec le plus grand Capitaine qui fut jamais, et de tenir, peut-être, le premier rang après celui qui, plusieurs fois, sut le vaincre , considère de près les courageux efforts, les avantages précaires, et la constante infériorité de ses défenseurs.

François II reconnaît bientôt l'invincible ascendant de la tactique Française, et la défaite des siens qui ne peuvent soutenir notre choc : il voit, *de l'œil de l'ame* , ce niveau mystérieux , cette mesure divine qui règle le sort des peuples et de leurs chefs..... Il voit se déployer l'immortelle balance entre les mains du Monarque suprême..... Il voit, avec consternation, le bassin céleste , qui soutient les destinées de Napoléon, l'emporter dans les décrets immuables de la Providence ; tandis que celui de la maison de Lorraine-Autriche frappe le fléau , et que le sort de sa famille , long-temps suspendu , penche soudain et se plonge dans l'abîme !

Une voix secrète articule alors, dans l'ame de ce Prince infortuné , ces paroles sacrées qui annoncent les grandes révolutions des Etats : « *Tu as été pesé à la balance, et tu* » *as été trouvé léger, c'est pourquoi ton Em-* » *pire va être divisé entre les peuples !* »

Napoléon va recueillir le fruit de tant de travaux, de tant de veilles, de tant de combats, la Paix de l'Empire, celle du continent, l'unique

PÉRORAISON.

Résultats
de
nos victoires.

but de cette lutte hasardeuse ; et l'armistice récemment conclu nous fait espérer le traité de Schœnbrunn, de Raab, ou d'Altemburg, qui couronnera les triomphes de la France.

Pense-t-on qu'il ambitionne le titre de Conquérant, ce Prince magnanime, lui ! qui, bien différent des orgueilleux et cupides Romains, réunissant, jadis, à leur insatiable République, tout le territoire des peuples vaincus, a rendu généreusement la plupart de ses conquêtes ? Croit-on qu'il ignore qu'après avoir terrassé des ennemis toujours renaissans, il n'a plus à désirer que la cessation absolue de la guerre ; qu'il ne lui reste plus que d'être pour toujours pacificateur ?

A quelle autre félicité peut aspirer sa grande ame, qu'à celle de répandre le bonheur, de couvrir de verdure une terre ensanglantée, de rappeler le commerce sous la douceur de ses lois, de ressusciter de leurs cendres des villes ruinées, et de rendre le repos à l'Univers ?

Celui que les Rois fédérés de l'Allemagne ont choisi pour être leur Protecteur, ne saurat-il pas, en peu de jours, élever des colonnes plus stables que celles de Westphalie, moins sujettes à s'ébranler, et qui garantissent pour des siècles les libertés germaniques ?

Voyons, pour gage de ce consolant espoir, voyons les insurrections anéanties sur les rives du Rhin, de l'Elbe et du Danube; les expéditions fastueuses des Anglais et leurs tentatives insolentes, bornées à l'incendie de quelques chantiers, à l'occupation momentanée de quelques îles non défendues, être frappées d'une honteuse stérilité par les trophées d'Enzersdorf et de Wagram.

Voyons, sur tout, un grand sentiment de gloire, l'esprit de concorde et d'union, la conscience intime de nos forces, régnant dans un Empire toujours victorieux, s'accroître encore et s'allumer davantage par nos victoires nouvelles!

Voyons, enfin, tous les talens, fécondés par le génie de Napoléon, l'Industrie, les Sciences et les Beaux-Arts, s'ouvrant des routes non frayées ou inconnues, préparer à l'envi les Chefs-d'œuvre divers qui orneront le beau jour de la paix, qui offriront au plus grand des Princes un triomphe plus agréable à son cœur; et qui iront embellir, pour nous et pour lui, les longues années de son règne!

Mais c'est assez, M. C. A., c'est assez travailler notre pensée par les combinaisons variables du monde temporel et des scènes politiques. Il est temps de respirer dans un lieu plus élevé ; il est temps de suivre le sage Monarque, le Philosophe chrétien, dans les nobles conceptions de son ame.

De même que Cyrus, ayant conquis Babylone, reconnut hautement les oracles du Dieu d'Israël, et qu'il fit publier cet édit dans toute l'étendue de son empire : « Le Dieu du Ciel » m'a commandé de lui bâtir un temple dans » la cité de Jérusalem. Vous qui êtes son » Peuple, allez rebâtir la maison du Sei- » gneur, et qu'il vous bénisse ! Lui seul est » Dieu ! »

Ainsi Napoléon, au milieu même des camps et des agitations de la vie militaire, a envisagé un terme plus grand que la victoire sur ses ennemis ; et, se trouvant comme à l'étroit sur le point du globe où resplendit sa gloire, il a ouvert le livre de Dieu ; il n'a point oublié que l'empire de la Terre doit servir à étendre toujours plus celui du Ciel ; à faire régner à la fois les vertus civiles, sociales et religieuses.

Uniquement attentif à tout rapporter à cette noble fin, Napoléon, à la veille même des hasards et des dangers imminens de la bataille, a donné une pensée à l'Eternité ; la

Religion, alors, s'est présentée à son ame, comme un objet d'ordre, d'harmonie, de perfection morale : il s'est proposé, alors, tout à la fois, et d'investir les actes du sacerdoce, les Ministres de ces Autels qu'il a relevés, de la considération qui leur est due; et de ramener le Christianisme à sa vraie destination, à l'enseignement des principes éternels que nous ont transmis les Saints Apôtres; à l'épurement des mœurs; à l'entretien de la Foi, qui seule peut établir le calme dans les consciences, la soumission aux lois, le bonheur dans les familles, et la paix au fond de l'ame.

Napoléon, en un mot, a fait cette belle déclaration aux Églises de France : « Nous PERSÉVÉRERONS, SANS QUE RIEN PUISSE NOUS EN DÉTOURNER, DANS LE GRAND OEUVRE DU RÉTABLISSEMENT DE LA RELIGION. »

Nous acceptons avec dévouement, avec reconnaissance, avec la ferme résolution de concourir de tout notre pouvoir à l'accomplissement de ces desseins sublimes, l'augure bienheureux de ces jours de perfectionnement; et nous disons avec le Roi Prophète :

Béni sois-tu, Grand Dieu! de ce que tu as éclairé de tes conseils celui que tu as oint pour régner sur nous! Béni sois-tu, de ce que tu as tenu sous ses yeux ta loi toujours ouverte; et de ce que tes Anges Saints ont porté devant lui leurs brillantes lumières, afin de le guider dans toutes tes voies! Sois à jamais notre sauve-garde, notre haute forteresse et notre espérance!

Qui veut en toi se confier,
T'a pour soleil et pour bouclier;
Tu donnes la grace et la gloire:
Tu couronnes l'intégrité
D'honneur et de félicité;
Et c'est par toi qu'on obtient la victoire.
O mille et mille fois heureux
Celui qui t'adresse ses vœux!

Amen!

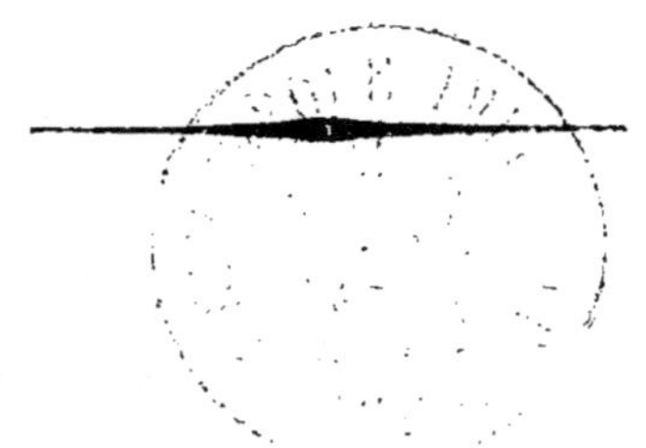

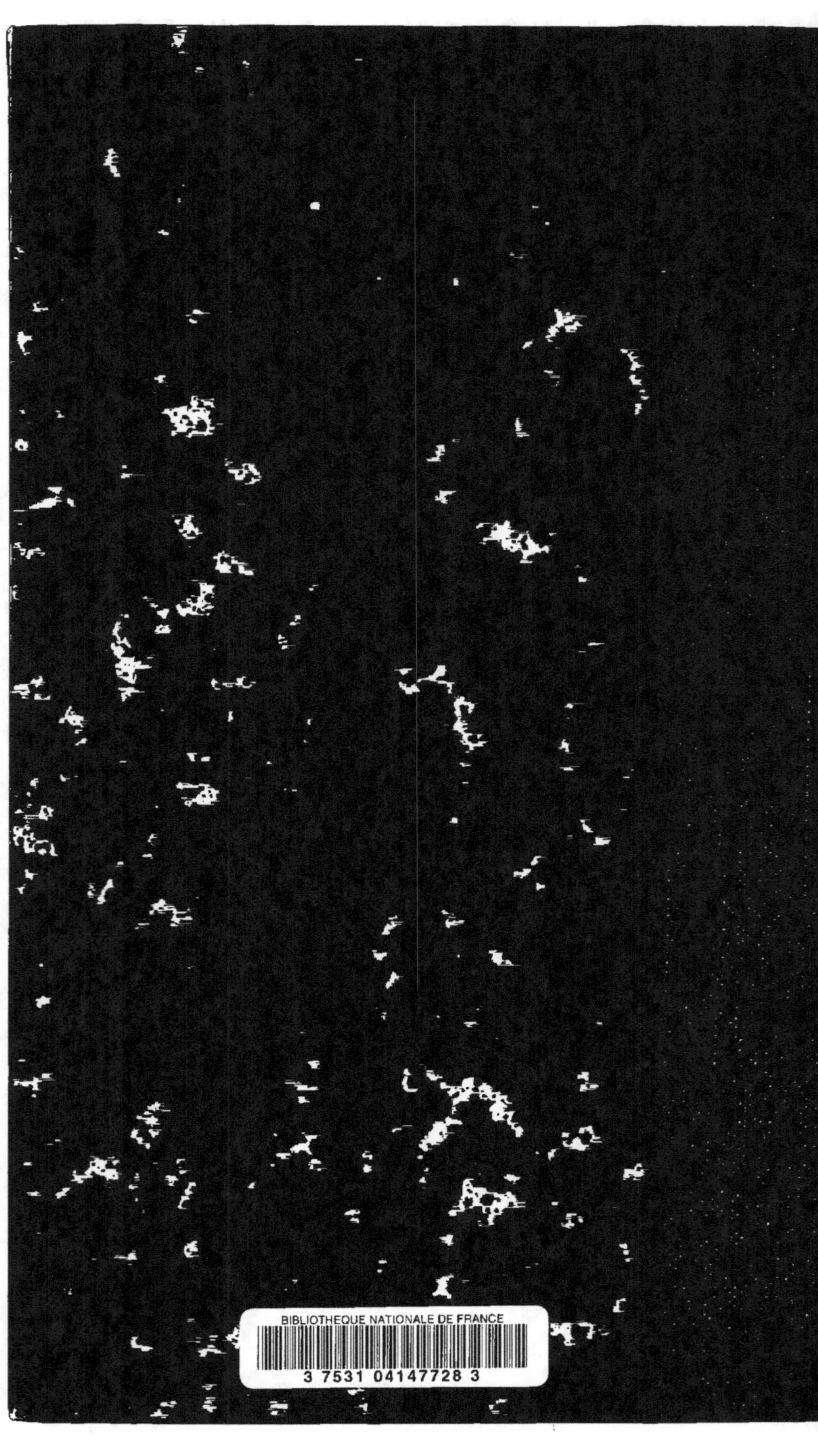
BIBLIOTHEQUE NATIONALE DE FRANCE
3 7531 04147728 3